U0021930

愛，最好的祝福

靜思心靈小語

釋證嚴 —— 著

李屏賓 —— 攝影

目錄

Part 1. 自愛

照顧好自己的身體與生活禮儀，是自愛報恩；
自愛的人，才會愛別人、為社會付出，此即付出感恩。
自愛報恩、付出感恩，就是最有意義的人生。

——《靜思語·孝為人本》

Part 2. 愛人

人世間無不是道場，即使對方有意的傷害，
也要當作是給予我們修行的機會，要心存感恩；
我們應該時時信任他人、原諒他人，
人人若能互信、互愛，就能結一分好緣。

——《普天之下沒有我不愛的人》

目錄

Part 3. 愛世間

愛的力量很大，能撫平人與人之間的仇恨，化怨仇為愛的力量。
愛可以撫平傷痛，也可以消弭對立，
唯有愛的付出，才會有真正祥和的社會。

——《普天之下沒有我不原諒的人》

Part 4. 愛眾生

要行菩薩道，沒有完整的愛，如何叫菩薩？
菩薩是覺有情，我們的情是生生世世眾生的情。
眾生平等，人人本具有佛性。
既然是眾生，不只是人，所有有生命的眾生都平等。
所以要回歸本性，清淨心靈。

——節錄自二○二二年一月十四日台北溫馨座談開示

後　記

在閱讀中靜思，感受每一個當下的心靈風景　　　　蔡青兒　　*226*

相信人人心中都有愛

釋證嚴

二十多年前驚天動地的九二一大地震，造成許多學校坍塌毀壞，慈濟不忍學子因此中輟學業，決定援建希望工程。其實當時並無充裕的基金可以運用，證嚴秉持「我不知道錢在哪裡，但我知道愛在哪裡」。相信人人心中有愛，更何況「佛心師志」早已嵌入慈濟人的心版，大家樂意為孩子的未來付出愛心。兩年內，五十一所慈濟希望工程陸續完工啟用了。

　　每一座希望工程重建的校園，有好幾代的師生安心在裡面學習，漫步在校園，一磚一瓦都是愛，是許多愛心人的心血結晶。

　　疫情蔓延的這兩年，慈濟決定購買疫苗，不少人跟我說：「疫苗會花很多錢喔？錢都準備好了嗎？」慈濟向來都把「救人」放在第一，尤其慈濟購買的 BNT 疫苗可以提供給普羅大眾，包括十二歲的孩子都可以施打。慈濟募集的善款來自大眾愛心的付出，正當疫情嚴峻之際，自當挺身而出購買疫苗救急，雖然所費不貲，但這是救急救命迫切所需要。

常常說：「台灣無以為寶，以善以愛為寶。」我相信每個人內心都隱伏著滿滿的愛心與善良本質。慈濟的起源，是從三十個家庭主婦每天存五毛錢買菜錢開始慈善工作，教富濟貧直到現在。慈濟多數捐款都來自無數善心人士點滴愛心的匯聚，自能滴水成河、粒米成籮。

我在會客室桌上有一張世界地圖，不時透過視訊，與僑居在全世界各地的慈濟志工見面談心，彙報在僑居地落實多少慈善工作，彼此分享交流；師父也會點撥他們應該落實的方向。曾經連線的國家包括尼泊爾、土耳其、約旦、莫三比克，還有美國、中國大陸、印尼、新加坡、加拿大、菲律賓等等，身不離開花蓮，感恩弟子在各自的僑居地落實濟貧教富的工作，慈濟之愛遍及全球幾十個國家。

這幾年，全世界天災人禍不斷，近三年來又為新冠疫情所籠罩，各地志工用生命投入搶救生命，大愛情懷，令人感動。證嚴關懷台灣，也關懷全球各地的苦難眾生。時

時刻刻期勉弟子：「普天之下沒有我不愛的人，沒有我不信任的人，也沒有我不能原諒的人」，簡單的三句話，要做到並不容易。

要如何劍及履及，實質撫慰苦難蒼生呢？首先，要將一己之私的小愛，擴及普天下眾生。緣分很奇妙，若希望時時刻刻與他人結好緣，就要相信人人心中都有愛，就是廣結善緣；如此，才能匯集大眾愛心的力量，幫助更多人。

人人心中要培養一分愛，苦難的人間需要噴薄而出愛的能量，不斷地接力、會合，使貧者獲得賙濟，心靈空虛者得到安頓滋養，才能發揮良能，回饋社會民眾。每個人不妨試著盤點生命，當你發現生命因利他而豐富，願意多為別人著想，生命不再貧瘠，充滿利人利己的意義。

立足台灣，宏觀世界，因為愛，讓心沒有距離；也因為愛，讓世界更美好。

這一波疫情，看見台灣的美，也看到民眾豐沛可貴的

愛心。台灣無以為寶，以善以愛為寶。樂意為他人付出，這一念善心，就是為自己造福，凝聚起來的力量就能救人。超過半世紀，慈濟人「信己無私、信人有愛」，身體力行，用生命走入生命，愛護疼惜每一個有緣的眾生。

我常說，每個人要像「螢火蟲」一樣，雖然只有微小的亮光，在黑暗中，一隻、兩隻，三、五十隻螢火蟲成群飛過眼前，但見閃閃發亮。亮度雖微，便能照亮暗室；點點亮光聚集在一起，可為迷途的人指引一條明路，結合許多人的力量，就可以讓周遭光亮起來。

有「光影詩人」之稱的李屏賓居士是著名的攝影大師，曾多次榮獲金馬獎與其他國際級大獎；他侍母至孝，曾經陪同媽媽來到精舍，孝順的人定然愛心飽滿。很感恩他慷慨提供這些年來，他遊化世界各地所拍攝的影像，幀幀精彩絕倫，散發出一種獨特的寧靜與孤獨感。如若搭配

靜思語一起閱讀時，自能沉澱心靈、靜靜思考，發現更多人生的意義，以及對愛的理解。

「水滴雖微，自能成器」，期望人人都以螢火蟲自許，在黑暗的角落傳送愛的螢光，由一而無量，為世界帶來希望。

前 言

讓影像文字化，
讓每個人有不同的詮釋

李屏賓

有一年，證嚴上人行腳關渡，我有幸前往拜會。

我記得那天還有一群非常特別的小小嘉賓，他們是台北地區的靜思書軒小志工。靜思書軒的小志工們用力揮舞雙手，演繹法船，小小法船啟航，小志工們臉上表情莊嚴認真，氣勢一點也不輸給大人。

小志工們演繹結束，贏得證嚴上人和現場慈濟志工的喝彩，還有人帶著自己的撲滿來捐給慈濟。他們認真的模樣，讓人看了非常感動，證嚴上人也勉勵這群小菩薩，要繼續發好願、行好事。

這樣的場面，令人為之動容。小志工的認真、莊嚴，以及上人那麼有耐心面對每一個不同見面的人，我覺得這就是一種慈悲之心。我在工作的時候，同樣的，這樣的力量也會衍生出來。

入行四十多年，從攝影助理開始到現在，在我內心深處，我是一個時時刻刻都想回家的人，但我一生熱愛的電影工作，卻是一個讓我回不了家的行業。像一個帶著我天

涯海角去漂泊的情人，收穫光影與回憶的同時，也收穫孤
獨與痛苦。

很長的一段歲月，我總是從野地歸來。電影把我帶到
了我想像之外，無法抵達的天涯海角。

我跟著《夏天的滋味》來到越南；《一位陌生女人的
來信》讓我找尋四十年代老北京的繁華樣貌；《印象雷諾
瓦》引領我重回十九世紀，再次仰望法國印象派的浪漫色
彩；《七十七天》我們進駐羌塘無人區，呼吸著五千公尺
高原上的空氣，睡了兩個月的帳篷；《今生，緣未了》帶
我深入新墨西哥州的沙漠；《長江圖》逆長江而上，航程
超過五千六百公里，在搖搖晃晃的冰冷船上住了兩個月。
只要能吸引我拍的電影，地球的邊緣我都願意去。

待在國外拍片，有時候你沒有說話的對象，只有自言
自語。所以拍這些東西的時候是一種情緒、一種紓解、一
種記錄。其實我自己覺得，我拍的這些影像也不是很怎麼
樣，就是當時在那些時候的一個情景，一個心情的記錄。

大部分的時間都是很孤獨、無助的，都是有困難的時候，我才會隨手拍，紓解我自己在拍片的壓力。

當攝影師這麼多年，我拍了很多不一樣人的故事，不一樣人的生活體驗，所以其實我是活了很多很多人的人生，看盡了人生。

多年前，有一次上人從花蓮來台北，青兒邀請我及母親一起見上人。上人送了福慧紅包給媽媽，握著媽媽的手祝福她，還請媽媽有機會就去花蓮看他。媽媽見到上人非常開心，而媽媽開心，就是我最大的喜悅。後來，我不在台灣時，青兒她們偶爾會去看看媽媽，跟她說說話。

我很感謝她們，心中充滿感恩。每次回台灣，只要時間許可，我們都會小聚一下，分享這段時間拍攝的點點滴滴。也因為這樣，我跟青兒分享了工作之餘隨手拍的這些照片，結下這次出書的機緣。

慈濟是台灣社會安定、良善很重要的一股力量，上人與慈濟人為台灣社會與世界做了非常多重要的事；上人的

智慧話語，則是很多人日常生活上思考、沉澱的來源。能將我拍的照片與上人的智慧話語放在一起出版成書，我感到非常榮幸。

在我拍的電影裡面，我只是希望光影能說話、影像能動人，畫面能傳達如文字的魅力；我希望這本書裡面的照片也是，讓影像的魅力像文字一樣，每個人觀賞的時候都有不同的解讀、不同的感受或者不同的喜歡。

如果影像可以文字化，影像就會像一幅畫，畫裡面有一首詩，同樣的意思可以延伸，每個人可以有自己不同的詮釋。

Part 1

自愛

照顧好自己的身體與生活禮儀，
是自愛報恩；
自愛的人，才會愛別人、為社會付出，
此即付出感恩。
自愛報恩、付出感恩，就是最有意義的人生。

——《靜思語·孝為人本》

001 覺察

人最難看見的，就是自己。

——《靜思語‧典藏版》

The hardest thing for people to see is themselves.

002　縮小自己

唯有尊重自己的人，才能勇於縮
小自己。

——《靜思語‧第一集》

Only those who respect themselves have the courage
to be humble.

003_看淡自己

看淡自己是般若，看重自己是
執著。

——《靜思語·第一集》

To regard ourselves lightly is wisdom. To regard ourselves highly is attachment.

004 播善種

人的心地就像一畝田，若沒有播下好的種子，也長不出好的果實來。

——《靜思語‧第一集》

Our mind is like a garden; if no good seeds are sown, nothing good will grow.

005 天堂地獄

天堂和地獄，都是由心和行為所造作。

——《靜思語‧典藏版》

Our thoughts and actions create our state of heaven or hell.

006 原諒

原諒別人，就是善待自己。

——《青年靜思小語》

To forgive others is in fact being kind to ourselves.

007　苦與樂

若能知苦，才能得樂。

——《靜思語‧第三集》

Only by realizing the truth of suffering, can one attain happiness.

008 及時行善

煩惱起於名利競爭，快樂來自
及時行善。

——《靜思語‧第三集》

Competing for wealth or fame brings affliction.
Doing good deeds brings happiness.

009　幸福

有力量去愛人或被愛的人都是
幸福的人。

——《靜思語·第一集》

True blessings flow from our ability to love and
be loved by others.

010 小事做起

小事不做，大事難成。

——《青年靜思小語》

How can we expect to accomplish the big things
if we don't do the little things?

011 後悔

人生最大的懲罰是後悔。

——《靜思語·第三集》

Life's harshest punishment is regret.

012 煩惱

有些人常常起煩惱——因為別人
一句無心的話，他卻有意的接受。

——《靜思語·典藏版》

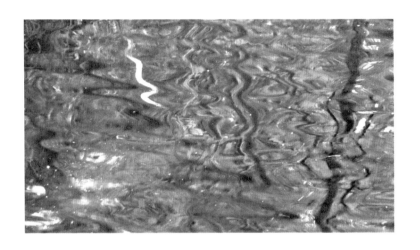

People often feel upset because they take careless remarks too seriously.

013 正念善果

一念之非即種惡因，一念之是即
得善果。

——《靜思小語 2》

With a single bad thought, one plants a seed of evil. With a single good thought, one obtains a good result.

014 心念純真

毅力，來自於單純的心；心念
純眞，自然就有堅持的力量，
則天下無難事。

——《靜思語·孝爲人本》

Perseverance comes from a pure and simple heart. When our heart is pure, then we will naturally possess a power of persistence, and nothing is impossible.

015 當下

未來的是妄想，過去的是雜念，
要保護此時此刻的愛心，謹守自
己當下的本分。

——《靜思語‧典藏版》

The future is an illusion, the past is a memory. Hold on to the goodness in our heart at this present moment and take care to attend the duties that we have at hand.

016 前腳走，後腳放

「前腳走，後腳放」意即：昨天
的事就讓它過去，把心神專注於
今天該做的事。

——《靜思語·典藏版》

When walking, as we step one foot forward, we lift
the other foot up. In the same way, we should let go
of yesterday and focus on today.

017 時間

時間可以造就人格，可以成就事業，也可以儲積功德。

——《靜思語·第一集》

Over time, we can build great character, achieve great success, and cultivate great virtue.

018 承擔

勇於承擔，是一分動人的力量；
勇於承擔錯誤，是一種高尚的品
格。

——《靜思語‧第一集》

To be brave enough to undertake responsibilities is
an inspiring force. To be brave enough to admit a
mistake is a noble virtue.

019 懺悔

懺悔則清淨，清淨則能去除
煩惱。

——《靜思語‧典藏版》

Repentance purifies the mind; a pure mind can readily sweep away afflictions.

020 累積

人一生的行為，不管是善是惡，
皆由時間所累積。

——《靜思語·典藏版》

Our behavior——whether good or evil——is the accumulation of actions over time.

021 積極付出

過去的留不住，未來的難預測；

守住現在，當下即是。

——《靜思小語 3》

The past is gone; the future is unknown.
Seize the present moment; now is the time.

022 昇華自我

難行能行，難捨能捨，難爲能
爲，才能昇華自我的人格。

——《靜思語·第一集》

Persevere even when it is hard to go on, release even when it is hard to let go, endure even when it is hard to bear: this is how we build our character.

023 口心身行

口說好話，心想好意，身行好
事，腳走好路。

——《靜思語‧典藏版》

Speak kind words, think good thoughts, do good
deeds, and walk the right path.

024 捨去煩惱

捨去眼前的煩惱，才能當下擁有慈悲的法喜。

——《靜思語‧典藏版》

Only when we let go of the afflictions we have can
we experience the joy of kindness and compassion.

025 不求回報

如果有所付出就想有所回報，將會招來煩惱。

——《靜思語·典藏版》

If we give but expect something in return, we will only draw affliction to ourselves.

026 人生四寶

安心睡、快樂吃、歡喜笑、健康
做，是人生四寶。

——《靜思語・第三集》

The four treasures in life are : sleeping soundly, eating happily, laughing joyfully, and working healthily.

027_累積

人生幾十年的成就，都是由每一
天的言行累積而成。所以，要照
顧好每一天的言行。

——《靜思語‧典藏版》

Our accomplishments in life are built on the words
and actions we make every day —— thus we must
be discreet in our daily speech and behavior.

028 逆境

人生沒有回頭的機會，遇逆境應
勇敢面對。

——《靜思語‧第三集》

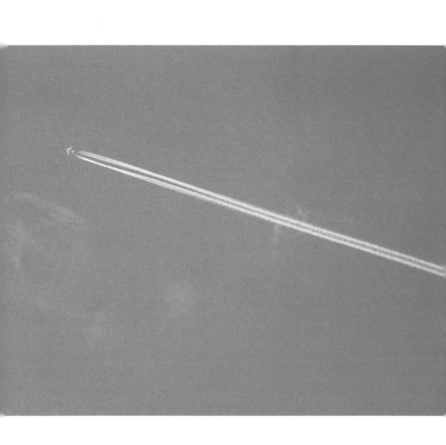

In life there is no turning back; face adversity
courageously as it comes.

029 順境逆境

處順境用「無常觀」，處逆境用
「因緣觀」。

——《靜思語·第三集》

Realize the impermanence in life when times are good; accept our karma when times are bad.

030 智慧

智慧是從人與事之間磨練出來
的，若逃避現實，離開人與事，
便無從產生智慧。

——《靜思小語 2》

Wisdom is derived from the trials and tribulations
of working with people. If we escape from reality
and avoid challenges, then we cannot develop our
wisdom.

031 看開人生

所謂看開人生，不是悲觀，而是
積極樂觀；不是看破，而是看透。

——《靜思語·典藏版》

To not take things in life too seriously is a positive
and optimistic attitude rather than a pessimistic
one. It means having a thorough understanding of
life.

032 無明

征服百岳山，不如征服無明關。

——《靜思語·第三集》

Conquering ignorance is superior to conquering a
hundred peaks.

033　緣分

只要緣深，不怕緣來得遲；只要
找到路，就不怕路遙遠。

——《靜思語·第一集》

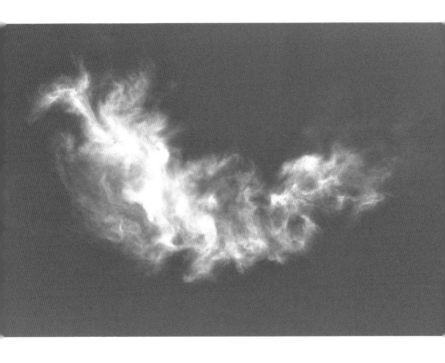

It is never too late for a deep-rooted affinity to blossom. Do not worry over a distant journey as long as we find the way.

034 過秒關

人命只在呼吸間，如能抱著過
「秒關」的心態，就會愛惜生命、
珍惜人生。

——《靜思語·第二集》

Life and death are separated by just a single breath.
If our mindset is to seize every second, then we will
truly appreciate and cherish life.

035　謙虛

即使已達智慧圓融，更應含蓄謙
虛，像稻穗一樣，米粒愈飽滿垂
得愈低。

——《靜思語·典藏版》

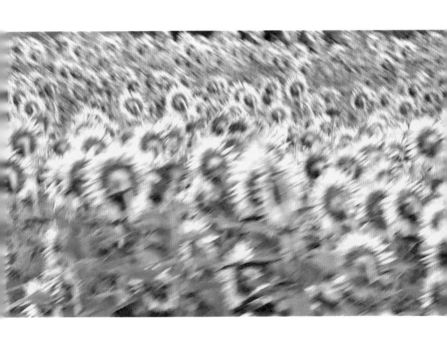

Even if we have achieved great wisdom, we must be humble and unassuming all the more, just like a rice stalk that bows under the weight of ripe grain.

036 日日

每天都是生命中的一張白紙，每一個人、每一件事，都是一篇生動的文章。

——《靜思語·第一集》

Every single day is like a blank page of our life.
Every person we meet and every event we encoun-
ter is a vivid essay.

Part 2

愛人

人世間無不是道場，即使對方有意的傷害，
也要當作是給予我們修行的機會，要心存感恩；
我們應該時時信任他人、原諒他人，
人人若能互信、互愛，就能結一分好緣。

——《普天之下沒有我不愛的人》

037 化解

心有滿滿的愛，能化解仇恨與
敵對。

——《靜思語‧典藏版》

A heart brimming with love can transcend hatred and hostility.

038 付出

付出的愛有多寬，得到的愛就有
多廣。

——《青年靜思小語》

The love one receives is as great as the love that one gives.

039 說好話

生一念好心，則結一分好緣；說一句好話，則多一分歡喜。

——《靜思語·第三集》

A kind thought creates a good karmic
connection; a kind word brings a sense of joy.

040 愛人寬一寸

待人退一步，愛人寬一寸，在人
生道中就會活得很快樂。

—— 《靜思小語 2》

Be tolerant and accommodating when dealing with people and give them a little more love. Then, we will be able to live happily.

041 轉心念

原諒或怨恨，只是一念心；心念一
轉，就能包容一切。

——《靜思語·第三集》

We can choose to bear grudges or forgive. With a change of thought, we can tolerate everything.

042 理直氣和

理直要氣和，得理要饒人。

——《青年靜思小語》

Remain soft-spoken and forgiving, even when reason is on your side.

043 歡喜心

歡喜心是一種涵養，能令周圍的
人都有「如沐春風」的喜悅感。

——《青年靜思小語》

A heart of joy is a virtue that brings happiness
to others like a spring breeze.

044 善解

莫讓批評的話，讓我們失去熱心。

——《青年靜思小語》

Let not criticism dampen our motivation.

045_快樂

一個人的快樂，不是因爲他擁有得
多，而是因爲他計較得少。

——《青年靜思小語》

Happiness is not about how much we possess but how little we bicker over trivials.

046 成就他人

好事要提得起，是非要放得下，
成就別人，即是成就自己。

——《青年靜思小語》

Take up good deeds and let go of hard feelings. In helping others to fulfill their goal, we too gain.

047 感恩

自愛是報恩，付出是感恩。

——《青年靜思小語》

Cherishing our life is the way to repay our parents'
grace. Giving of ourselves is the way to express our
gratitude.

048 愛與孝

愛是平等的，對眾生要愛惜；孝
是尊重的，對父母要孝敬。

——《靜思語·孝為人本》

Love is undiscriminating; we need to love and treasure all beings. Filial piety is being respectful; we need to respect our parents.

049_盡孝

世間有兩件事不能等，一是「行孝」，二是「行善」。

——《青年靜思小語》

Doing good and being filial are two things that cannot be put off.

050 善體親心

為人子女者，要善體親心、要自愛，
才能真正回報父母恩。

——《青年靜思小語》

How can we repay the grace of our parents? By appreciating our parents' feelings and expectations and in turn cherishing ourselves and living with self-respect.

051 寬容

最幸福的人生，就是能寬容與悲憫一切眾生的人生。

——《靜思語·典藏版》

A person with a generous heart and compassion for all beings leads the most blessed life.

052 孝道

至誠之善來自孝道，守好做人的
根本，不忘孝思和報恩，才有發
自內心最誠懇的大孝與大愛。

——《靜思語·孝為人本》

The most sincere goodness comes from filial piety. We must keep the fundamentals of human decency, never forgetting to be filial or to repay our parents' grace. Only then will we give rise to the most sincere filial piety and will Great Love emanate our heart.

053 傷害

要原諒一個無心傷害人的人，不
能做一個輕易就被別人傷害的人。

——《靜思語‧第一集》

We should forgive those who unintentionally hurt us and not be easily hurt by others.

054 轉念

轉一個角度來看世界，世界無限
寬大；換一種立場來待人處事，
人事無不輕安。

——《靜思語‧第一集》

When we view the world from a different perspective, the world becomes vast and wide. If we shift our perspective in everything we do, we will feel at ease with everything and everyone.

055_情與理

處理事情，感情要藏在理智中；與人
相處，則要把感情表現在理智上。

——《靜思小語 1》

In handling matters, let your mind influence your heart. In dealing with people, let your heart influence your mind.

056 與人相處

人與人相處，都是以聲色互相對待。講話是聲，態度是色，因此與人講話要輕言細語，態度要微笑寬柔。

——《靜思語·第一集》

The expression on our face and the tone of our voice all communicate to others. We should smile and speak softly, and maintain a gentle and accommodating attitude.

057 福氣

有形的物質給別人，無形的福氣
給自己。

——《青年靜思小語》

As we aid others we are in fact also sowing blessings
for ourselves.

058 去除我執

與人相處要去除我執，擴大心
胸，客客氣氣，互讓互愛。

——《靜思小語 2 》

You must be free of ego when you are with others, so expand your heart, and be courteous, cooperative, and loving.

059_慈悲

不辭勞苦的付出，便是「慈悲」。

——《靜思小語 1》

To willingly undergo hardship for the sake of helping others is compassion.

060 布施

布施不是有錢人的專利品，而是
一分虔誠的愛心。

——《靜思語‧第一集》

Unconditional giving is not a privilege of the rich but an utmost sincere love.

061 捨得

捨一分煩惱，得一分清淨；布施
一分財物，得一分輕安。

——《靜思語‧孝為人本》

When we let go of our afflictions, we will have peace and quiet. When we give away material wealth, we will have peace and ease.

062 有福

有苦的人走不過來，有福的人就
要走過去。

——《靜思語・第三集》

When the unfortunate cannot find help, those who
are blessed must go to them.

063 美滿人生

美滿的人生，不在物質、權勢、
名利及地位，而在人與人之間的
關愛與情誼。

——《靜思語·第二集》

Love does not make demands on others. Love gives itself unconditionally and brings harmony to everything.

Part 3
愛世間

Part 3

愛世間

愛的力量很大，能撫平人與人之間的仇恨，
化怨仇為愛的力量。
愛可以撫平傷痛，也可以消弭對立，
唯有愛的付出，才會有真正祥和的社會。

——《普天之下沒有我不原諒的人》

064 利益人群

人生的責任，是要做利益人群的
事。

——《靜思語·第三集》

Our responsibility in life is to do the greatest good
for all of humanity.

065 愛人

人間何處非家人，天下無處不道場。

——《靜思語·第三集》

In this world, everyone is family and everywhere the place for spiritual growth.

066 大孝

報答父母恩，莫過於發揮良能，
為人群付出，即是大孝。

——《靜思語·第三集》

The best way to repay our parents is to make the
most of our ability in the service of humanity.

067 善用良能

人生是否有價值，不在於他人眼光，而在於善用生命良能。

——《靜思語·第三集》

The true value of our life is judged by how well
use it, not by the opinions of other people.

068_積極付出

每天無所事事，是人生的消費者；
積極付出，才是人生的創造者。

——《靜思小語1》

If we do nothing useful every day, we just consume our life. If we actively give of ourselves, we create meaning for our life.

069 只怕不肯

勇氣不可失，信心不可無，世間
沒有不能與無能的事，只怕——
不肯。

——《靜思小語 2 》

Never lose courage. Never lose faith. Nothing in this world is impossible when you are determined.

070 服務

爲人群服務，是「人生」；爲
生活服務，是「眾生」。

——《靜思語·第三集》

Living to serve humanity is the life of a true human being. Working just to make a living is the life of an ordinary living being.

071 付出

付出的愛有多寬，得到的愛就有
多廣。

——《青年靜思語》

The love one receives is as great as the love that one gives.

072 愛心

至誠的愛心，可以溫暖人們心
靈的淒涼。

——《靜思語・第二集》

Genuine love and care can warm frozen hearts.

073 拓寬生命

人生無法掌握生命的長度，卻能
自我拓寬生命寬度與厚度。

——《靜思語‧第三集》

We cannot control the length of our life, but we can strive to extend its depth and scope.

074 造福人群

人生在世，不能無所事事、懵懵
懂懂而虛度一生，應發揮我們的
良知良能，造福人群。

——《靜思小語 2 》

We should not waste our life in idleness and ignorance. We should utilize our abilities for the betterment of humankind.

075 世間財

善用世間財利益人群，獲得輕安
自在，才是眞正屬於自己。

——《靜思語·第三集》

True wealth is the peace of mind one attains from applying one's wealth to benefit humankind.

076 理與情

理講太多，情就薄；情感淡薄，
事難成。

——《靜思語‧第三集》

Excessive justification weakens relationships. When relationships are weakened, it becomes difficult to accomplish tasks together.

077 苦難

苦難是一堂寶貴的人生課程。

——《靜思語‧第三集》

Suffering can provide a priceless lesson.

078 施與受

付出的人，恭敬尊重，就如自己接
受到豐富的愛；接受的人，感恩知
足，就如溫暖的光輝照耀臉容。

——《靜思語·孝為人本》

People who give should give with respect, as if they have received abundant love themselves. People who receive should be grateful and contented, as if warm sunlight has shone upon their faces.

079 菩薩

菩薩不是土塑木刻的形象，真正
的菩薩能做事、能說話、能吃
飯，能尋聲救苦隨處現身。

——《靜思語‧第二集》

Part 3
愛世間

Bodhisattvas are not idols made of wood or clay; true Bodhisattvas are people who eat, talk, work, and relieve suffering in time of need.

080 不迷信

無信與迷信二者，寧願「無信」
也不要「迷信」；信必須智信。

——《靜思小語 1 》

Having no religion is better than superstition. Faith must be guided by wisdom.

081 修養

整體的美，在於個體的修養。

——《靜思語‧第一集》

The beauty of a group lies in the refinement of its individuals.

082 人生

人生只有使用權，沒有所有權。

——《靜思語·第三集》

We do not have ownership of our life, only the privilege of using it.

083 循環

死是生的開頭，生是死的起點。
生生死死、死死生生，本來就在
同一個循環中。

——《靜思語‧典藏版》

Death is the beginning of birth, birth is the origin of death. Birth and death, living and dying, they are all part of the same cycle.

Part 4
愛眾生
—

Part 4

愛眾生

要行菩薩道，沒有完整的愛，如何叫菩薩？
菩薩是覺有情，我們的情是生生世世眾生的情。
眾生平等，人人本具有佛性。
既然是眾生，不只是人，所有有生命的眾生都平等。
所以要回歸本性，清淨心靈。

——節錄自二〇二二年一月十四日台北溫馨座談開示

084 心寬念純

智慧，是心寬念純、海闊天空，
用愛擁抱大地蒼生。

——《靜思語‧第三集》

Wisdom is embracing the world and all living beings with a loving heart, a broad mind, and a perspective as boundless as the sky and ocean.

085 愛惜物命

愛惜物命，不只是珍惜平時使用
的物品，人物及動物等生命體也
是「物」，都要用愛疼惜。

——《靜思語・孝為人本》

We should treasure everything——not only the objects we use every day, but animals and people as well.

086 共生共榮

用愛心對待萬物，尊重彼此不同
的生態，方能與萬物和平相處，
共生共榮。

——《靜思語·孝為人本》

We should treat everyone and everything with love and respect each one's different ways. Only then can we live peacefully, coexist, and flourish with all beings.

087 善因善生

一念善因，是一顆善的種子；一念善生，可擴爲萬善之林。

——《靜思語・孝爲人本》

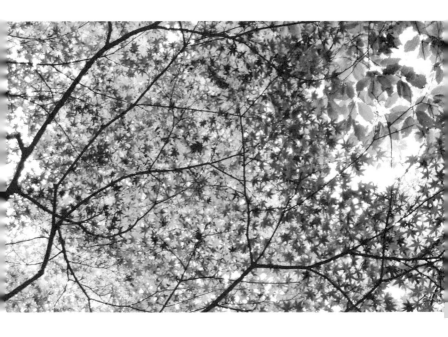

A kind thought is a cause and a seed. Once it sprouts, it can burgeon into a forest of immeasurable kindness.

088 花草有情

覺有情之人，所見的花草樹木，無不都是有情，對有知覺的生命會愛護，對無情的物命也會愛惜。

——《靜思語‧孝為人本》

In the eyes of the enlightened and the compassionate, all the flowers, trees, and the blades of grass have feelings. They love and care for sentient beings and cherish the life of insentient objects as well.

089 身心環保

心理環保，不貪婪無度；生理環
保，素食護生少污染。

——《靜思語‧孝為人本》

By eliminating excessive greed, we protect our mind. By following a vegetarian diet, we protect our body and animals' lives, as well as reduce pollution.

090 疼惜與尊重

環保，不但是疼惜物命，也是
尊重生命。

——《靜思語・孝為人本》

Environmental protection is not just treasuring natural resources, but also respecting life.

091 惜物愛人

環保就是惜物愛人，不要只用心
回收有形的資源，更要珍惜時
間、空間，人與人之間，把握當
下付出愛。

——《靜思語‧孝為人本》

Environmental protection is about treasuring our resources and loving others. Not only must we mindfully recycle tangible resources, we must also treasure time, space, and interpersonal relationships and seize the present moment to care for others.

092_心素

「食」素，也要「心」素——
內心清淨，不生煩惱。

——《靜思語‧孝為人本》

When we follow a vegetarian diet, we should also maintain a pristine mind—a mind that is clean and pure without afflictions.

093 齋戒

「齋」是潔淨身心，保護眾生生命；「戒」是防非止惡，保護自己不造惡業。能齋戒就是心靈與大地的環保。

——《靜思語・孝為人本》

Vegetarianism purifies both body and mind and protects the lives of all beings. Following precepts prevents evil and wrongdoings. Keeping a vegetarian diet and following the precepts protect the environment of both the earth and our mind.

094 清淨的心

心要清淨，做好內外環保──愛
惜地球資源，照顧人生資源。

──《靜思語·第三集》

To have a pure heart, we need to protect both our inner and outer environment. Cherish the resources on our planet and take good care of the resources in our life.

095 淨心田

做環保，除了淨山、淨海、淨大
地之外，也要淨心田。

——《靜思語·第三集》

Environmental protection involves not only purifying the mountains, waters, and land, but also purifying our hearts.

096 愛的循環

環保應從心啟動，進而雙手推
動、雙腳行動，形成愛的循環。

——《靜思語‧孝為人本》

Environmental protection should begin in the heart and be substantiated into action. In this way, we create a cycle of love.

097 淨化心靈

心靈淨化是最徹底的環保，少欲
知足就能改變生活習慣，保護自
然環境免於受到無盡開發的破壞。

——《靜思語·孝為人本》

Spiritual purification is the most thorough form of environmental protection. When we live contentedly with few desires, we will be able to change our habits and protect the natural environment from the damage of never-ending development.

098 慈憫

菩薩是自動自發自願，以慈憫心
投入人群，在苦難中穿梭，在付
出中覺悟。

——《靜思語‧孝為人本》

With a compassionate heart, Bodhisattvas act out of their own accord, motivation, and free will to be with people. They care for people's suffering, and in giving of themselves, they awaken to the truth of life.

099 疼惜大地

大地如母親，負載眾生，長養萬物，
我們應以感恩心，疼惜大地。

——《靜思語・孝為人本》

The earth is like our mother; she carries and
nurtures all beings. We should cherish the earth
with grateful heart.

100　萬物之道

合於自然法則，萬物才能相安無事，相生相成。

——《靜思語·第三集》

Only when we abide by nature's way can all living
beings thrive and live in peace with each other.

後記

在閱讀中靜思，
感受每一個當下的心靈風景

蔡青兒（靜思書軒營運長）

李屏賓（我都稱呼他「賓哥」）是國際攝影大師，他拍攝的電影帶給許多人回憶，他獨特的美感、光影的運用，在他拍攝的每一部片當中，都可以感受得到。

　　但我一直覺得，他的攝影美學除了天賦，更是從內心反射，因為賓哥的心很美。大漢柔情，他的善良跟真誠，總是讓周遭的人倍感溫暖，像一位大哥哥一樣關心著別人。每次這位溫暖善良的大朋友回到台灣，我們都會找時間聚聚。

　　他是金馬獎的主席，更是國際攝影大師、七座金馬獎得主。踏進電影圈，入行已經超過四十個寒暑。賓哥以獨到的詩意影像獲得了「光影詩人」的美譽，名作無數。二〇一六年以《長江圖》攝影得到柏林影展銀熊獎，與王家衛一起完成《花樣年華》，與侯孝賢導演完成《海上花》、《戀戀風塵》、《最好的時光》、《刺客聶隱娘》等數十部作品。前陣子劉若英擔任導演、創造票房記錄的處女作《後來的我們》，也是賓哥拍的。

　　他長期在不同國家之間奔波，有時需要在零下三十度

低溫的環境拍攝好幾個月，有時又身處異常炎熱的世界某個角落拍攝。但他總會想辦法回到台灣，看看他的母親。

十年前，上人有一次來到台北，我們邀請了賓哥及母親一起來看上人。讓我印象深刻的一幕是，上人送了福慧紅包給李媽媽，握著李媽媽的手、祝福她，還請李媽媽有機會就到花蓮來看他。李媽媽見到上人非常開心，而媽媽開心，也是賓哥最大的喜悅。

我們偶爾會去看看李媽媽，帶五穀粉跟她分享，跟她說說話。李媽媽很開朗，笑容特別慈祥。很遺憾幾年前，九十多歲的李媽媽離開人間，但這份愛一直都在。每次講到母親，他總是充滿感恩，流露出他最脆弱溫柔的一面。

賓哥每次回台灣，只要他時間許可，我們都會小聚一下，分享生活點滴，以及他拍攝的點點滴滴。他回來時，上人剛好在台北行腳，他也會抽空一起去看上人。我都說他跟上人很有緣。

賓哥走遍世界各地拍電影，走入無數人的生命。我

知道他會在行進間拿起傻瓜相機或手機隨手拍拍、紓解心情，有時候去看景，也會拍攝幾張留做記錄。他拍出來的照片十分有味道，他去過的地方我們一輩子都去不了。有一次我送了一本賓哥的書給上人，上人讚美賓哥的照片「很寧靜」。

我跟賓哥說：「可以跟我分享這些照片嗎？」賓哥說當然沒問題，後來他存了隨身碟給我。我看了裡面的照片，如獲珍寶，每一張照片都反映出人生的印記，有一種寧靜感，這些照片帶來的想像空間，彷彿電影的畫面跟片段，也彷彿是自己的生命故事。

我因此有了「把這些照片結合證嚴上人的靜思語出版成書」的念頭。我自己從國中時期就深受上人《靜思語》的影響，也知道《靜思語》出版三十多年來影響世界無數人。《靜思語》被翻譯超過二十多種語言，哪怕再遠的非洲都有人因為一句靜思語而有所體悟。我相信，上人的靜思語結合賓哥的照片，可以讓讀者一邊感受靜思語的含

意、一邊感受從攝影大師眼中看出去的世界。在閱讀中靜思，靜靜思考生命的方向，也感受每一個當下的心靈風景。

感恩優秀的資深編輯吳毓珍願意承擔書籍的主編，還有時報出版趙政岷社長及團隊的用心專業，一起與靜思人文共同出版這本書籍。趙社長是上人的弟子，他投入了很多心血推動。整個過程很開心，而當書籍一步步成形，大家看到都覺得好美。那是一份整體的美——很美的文字，很美的圖像，很美的心意，更是很美的祝福。因為，愛，就是最美的祝福。

人與土地 49

愛，最好的祝福：靜思心靈小語

作　　者—釋證嚴
攝　　影—李屏賓
特約主編—吳毓珍
責任編輯—陳萱宇
主　　編—謝翠鈺
行銷企劃—鄭家謙
封面設計— Javick 工作室
美術編輯— Javick 工作室

董 事 長—趙政岷
出 版 者—時報文化出版企業股份有限公司
　　　　　108019 台北市和平西路三段二四〇號七樓
　　　　　發行專線—（〇二）二三〇六六八四二
　　　　　讀者服務專線—〇八〇〇二三一七〇五
　　　　　　　　　　　（〇二）二三〇四七一〇三
　　　　　讀者服務傳真—（〇二）二三〇四六八五八
　　　　　郵　　撥—一九三四四七二四時報文化出版公司
　　　　　信　　箱—一〇八九九　台北華江橋郵局第九九信箱

時報悅讀網— http://www.readingtimes.com.tw
法律顧問—理律法律事務所　陳長文律師、李念祖律師
印刷—勁達印刷有限公司
初版一刷—二〇二三年十月二十日
定價—新台幣四二〇元
缺頁或破損的書，請寄回更換

愛，最好的祝福：靜思心靈小語 / 釋證嚴著 . -- 初版 . --
台北市：時報文化出版企業股份有限公司，
2023.10
　面；　公分 . -- (人與土地；49)
中英對照
ISBN 978-626-374-384-7(平裝)

1.CST: 佛教說法 2.CST: 佛教教化法

225.4　　　　　　　　　　　　　　112015788

靜 思 人 文
JING SI CULTURE
http://www.jingsi.org
http://www.tzuchi.org

ISBN 978-626-374-384-7
Printed in Taiwan

時報文化出版公司成立於一九七五年，
並於一九九九年股票上櫃公開發行，於二〇〇八年脫離中時集團非屬旺中，
以「尊重智慧與創意的文化事業」為信念。